AF199008

Impressum
Verlag: BABADADA GmbH, Nedderfeld 112 , 22529 Hamburg
Geschäftsführer / Verlagsleitung: Harald Hof
Druck: Books on Demand GmbH, In de Tarpen 42, 22848 Norderstedt

Imprint
Publisher: BABADADA GmbH, Nedderfeld 112 , 22529 Hamburg, Germany
Managing Director / Publishing direction: Harald Hof
Print: Books on Demand GmbH, In de Tarpen 42, 22848 Norderstedt

school

قوتابخانە

classroom
پۆل
divide
دابەشکردن
186/2
board
تەختە
teacher
مامۆستا
paper
کاغەز
write
نووسین
pen
پێنووس
desk
مێزی نووسین
ruler
خەتکێش
book
کتێب
pupil
خوێندکار

satchel

چەواڵ

pencil case

جانتای پێنووس

pencil

پێنووس

pencil sharpener

تیژکەرەوەی پێنووس

rubber

ڕەشکەرەوە

drawing pad

پەدی نیگارکێشان

2

drawing

نیگارکێشان

paintbrush

فڵچەی ڕەنگ

paint box

قوتووی ڕەنگ

scissors

مەقەست

glue

چەسپ، کەتیرە

exercise book

کتێبی ڕاهێنان

homework

کاری ماڵەوە

number

ژمارە

add

زیدەکردن

subtract

کەمکردن

multiply

لێکدان

calculate

حسابکردن، ژماردن

letter

پیت

alphabet

ئەلفوبێ

word

وشە

text

نووسراوه، دەق

read

خوێندنەوە

chalk

گەچ

lesson

خول، دەرس

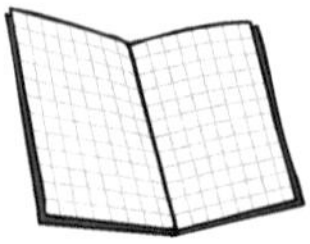

register

تۆمارکردن

examination

ئەزموون، تاقیکردنەوە

certificate

بڕوانامە

school uniform

جلی قوتابخانە

education

پەروەردە

encyclopedia

زانیاری نامە

university

زانکۆ

microscope

میکرۆسکۆپ

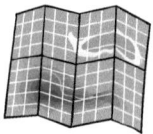

map

خەریتە، نەخشە

waste-paper basket

سەبەتەی کاغەز

hotel
میوانخانە، ھۆتێل

hostel
میوانخانە

currency exchange office
نووسینگەی گۆڕینەوەی دراو

car
ئۆتۆمۆبیل

Grand

ROOMS

EXCHANGE

language

زمان

yes / no

بەڵێ / نەخێر

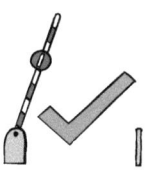

Okay

باشە

hello

سڵاو

translator

وەرگێڕی دەق

Thank you

سپاس

how much is...?

....

بەچەندە ...؟

I don´t get it

....

من تێناگەم

problem

....

کێشە

Good evening!

....

ئێوارە باش!

Good morning!

....

بەیانی باش!

Good night!

....

شەو باش!

goodbye

....

ماڵئاوا، بەخێرچی

direction

....

ئاراستە، ڕێڕەو

luggage

....

جانتا

bag

....

جانتا

backpack

....

کوڵەپشتی

guest

....

میوان

room

....

ژوور، دیو

sleeping bag

....

کیسەخەو

tent

....

چادر، دەوار

tourist information

....

زانیاری بۆ گەشتیار

beach

....

کەناراو

credit card

....

کارتی قەرز

breakfast

....

نانی بەیانی

lunch

....

نانی نیوەڕۆ

dinner

....

نانی شەو

Ticket

....

بلیت

elevator

....

ئاسانسۆر

stamp

....

پوول، تەمر

border

....

سنوور

customs

....

گومرک

embassy

....

باڵوێزخانە

visa

....

ڤیزا

passport

....

پاسەپۆرت

transport

گواستنەوە

airplane
فڕۆکە
ship
کەشتی
fire truck
مەکینەی ئاگرکوژێنەوە
truck
لۆری
bus
motorboat
بەلەمی ماتۆڕی
bike
دووچەرخە، پایسکڵ
car
ئۆتۆمۆبیل

ferry

کەشتی گواستنەوە

boat

بەلەمی ماتۆڕی

motorbike

ماتۆڕ

police car

ئوتومبێلی پۆلیس

racing car

ئوتومبێلی پێشبڕکێ

rental car

ئۆتۆمۆبیلی کرێ

car sharing

ئۆتۆمۆبیل هاوبەشکردن

tow truck

لۆری ڕاکێشکردن

garbage truck

لۆری زبڵ

engine

ماتۆڕ

fuel

سووتەمەنی

fuel station

وێستگەی بەنزین

traffic sign

تابڵۆی هاتووچۆ

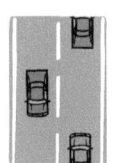

traffic

هاتووچۆ

traffic jam

ترافیک

parking lot

شوێنی ڕاگرتنی ئۆتۆمۆبیل

train station

وێستگەی شەمەندەفەر

tracks

هێڵی ئاسن

train

شەمەندەفەر

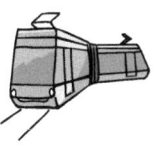

tram

قەتاری سەرشەقام

wagon

داشقە

helicopter

هەلیکۆپتەر

airport

فرۆکەخانە

tower

بورج

passenger

نەفەر

container

دەفر ، کانتینەر

carton

کارتۆن

cart

داشقە

basket

سەوەتە

take off / land

هەڵفڕین / نیشتن

city

شار

village

گوند، دێهات

city center

ناوەندی شار

house

ماڵ، خانوو

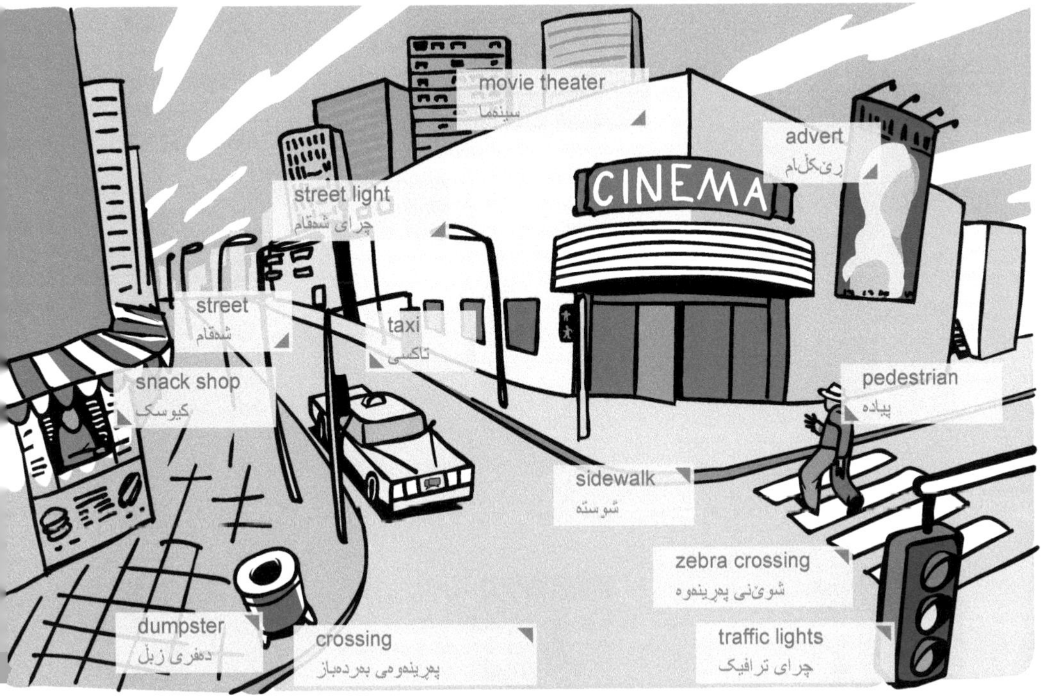

movie theater
سینەما

advert
ڕێکلام

street light
چرای شەقام

CINEMA

street
شەقام

taxi
تاکسی

snack shop
کیوسک

pedestrian
پیادە

sidewalk
شۆستە

zebra crossing
شوێنی پەڕینەوە

dumpster
دەفری زبڵ

crossing
پەڕینەوەی بەردەباز

traffic lights
چرای ترافیک

hut

خانووچکە

apartment

نهۆم، باڵەخانە

train station

وێستگەی شەمەندەفەر

city hall

کۆشکی شارەوانی

museum

مۆزەخانە

school

قوتابخانە

university

زانکۆ

bank

بانک

hospital

نەخۆشخانە، خەستەخانە

hotel

میوانخانە، هۆتێل

pharmacy

دەرمانخانە

office

نووسینگە، فەرمانگە

book shop

کتێبفرۆشی

shop

دووکان

flower shop

گوڵفرۆشی

supermarket

سوپەرمارکێت

market

بازار

department store

فرۆشگا

fishmonger's shop

ماسیفرۆش

mall

ناوەندی کڕین

harbor

بەندەر

park

پارک

bench

کورسی درێژ

bridge

پرد

stairs

پی پیلکان

subway

ژێرزەوی

tunnel

تونێل

bus stop

وێستگەی پاس

bar

مەیخانە

restaurant

ڕێستۆرانت

postbox

سندووقی پۆست

street sign

تابلۆی شەقام

parking meter

پێوەری پارکینگ

zoo

باخچەی ئاژەڵان

swimming pool

حەوزی مەلە

mosque

مزگەوت

farm

مەزرا

pollution

پیسبوونی ژینگە

cemetery

قەبرستان، گۆرستان

church

کەنیسە

playground

شوێنی یاری

temple

پەرستگا

landscape

دیمەن

signpost — تابلۆی ڕێنیشاندەر

path — ڕێگا

meadow — مێرگ

stone — بەرد

tree — دار

hiker — شاخەوان

river — ڕووبار، چەم

grass — گژوگیا

flower — گوڵ

valley

دۆڵ، شیو

hill

بەرزایی

lake

دەریاچە

forest

دارستان

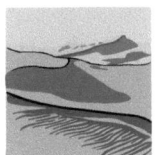

desert

چۆڵەوار

volcano

بورکان

castle

قەڵا

rainbow

کۆلکەزێرینە

mushroom

کارگ

palm tree

دارخورما

mosquito

مێشوولە

fly

مێشوولە

ant

مێروولە

bee

مێش هەنگوین

spider

جاڵجاڵووکە

beetle

قالۆنچە

frog

بۆق

squirrel

سمۆرە

hedgehog

ژیشک

hare

کەروێشکە کێوی

owl

کوند

bird

باڵندە

swan

قازی سپی

boar

بەرازی کێوی

deer

ئاسک

moose

بزنە کێوی

dam

بەنداو

wind turbine

تۆربینی با

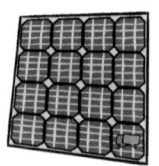

solar panel

پەرەی خۆری

climate

ئاووهەوا

restaurant

ڕێستۆرانت

waiter
خزمەتکار
menu
لیستە، پێرست
chair
کورسی
soup
سووپ، شۆرباو
pizza
پیتزا
cutlery
چەقۆ و چەتاڵ
tablecloth
سفرە

starter
....
خواردنی دەستپێک

main course
....
خواردنی سەرەکی

dessert
....
دێسێر

drinks
....
خواردنەوە

food
....
خواردن

bottle
....
بوتڵ

fast food

خواردنی خێرا

street food

خواردنی سەرشەقام

teapot

قۆری

sugar bowl

قوتووی شەکر

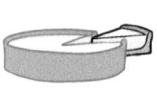

portion

بەش

espresso machine

ئامێری سازکردنی قاوەی ئێسپرەسۆ

high chair

کورسی بەرز

bill

تێچوو

tray

کەشەف

knife

چەقۆ

fork

چنگاڵ

spoon

کەوچک

teaspoon

کەوچکی چا

serviette

دەسماڵ

glass

لیوان، پەرداخ

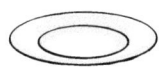

plate

قاپ، دەوری، دەفر

soup plate

قاپی شۆرباو

saucer

ژێرپیاڵە

sauce

سۆس

salt shaker

خوێدان

pepper mill

هاڕەری بیبار

vinegar

سرکە

oil

ڕۆن

spices

بەهارات

ketchup

دۆشاوی تەمات، سۆسی تەماتە

mustard

سۆسی موستارد

mayonnaise

سۆسی مایۆنێز

supermarket

سوپەرمارکێت

special offer
داشكاندنی تایبەتی
FOR
customer
مشتەری
dairy products
fruit
میوە
shopping cart
داشقە

butcher's shop

....

دووکانی قەسابی

bakery

....

نانەواخانە

weigh

....

کێشان

vegetables

....

سەوزی

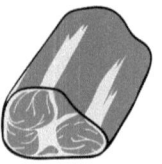

meat

....

گۆشت

frozen food

....

خواردنی بەستوو

cold cuts

....

گۆشتی سارد

canned food

....

خواردنی کۆنسێرو

detergent

....

دەرمانی بشۆر

candy

....

شیرینی

household products

....

بەرهەمی خۆماڵی،

cleaning products

....

بەرهەمی خاوێنکردنەوە

sales representative

....

فرۆشیار

cash register

....

ژمێرەر

cashier

....

ژمێریار، خەزەندار

shopping list

....

لیستی کڕین

opening hours

....

کاتی دەوام

wallet

....

کیسەباخەڵ، جزدان

credit card

....

کارتی قەرز

bag

....

توورەکە، کیسە

plastic bag

....

توورەکە

drinks

خواردنەوە

water

ئاو

juice

شەربەت

milk

شیر

coke

خەلّووز

wine

شەراب

beer

بیرە

alcohol

ئەلّکوّل

cocoa

کاکاو

tea

چایی، چا

coffee

قاوە

espresso

قاوەی ئێسپرەسۆ

cappuccino

کاپۆچینۆ

food

خواردن

banana

مۆز

apple

سێو

orange

پرتەقاڵ

melon

کاڵەک

lemon

لیمۆ

carrot

گێزەر

garlic

سیر

bamboo

حەیزەران

onion

پیاز

mushroom

کارگ

nuts

سەموونە، گوێز، ناوکە

noodles

نوودڵ

spaghetti
....
ماکارۆنی

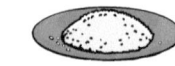

rice
....
برینج

salad
....
زەلاتە

fries
....
چیپس

fried potatoes
....
پەتاتەی برژاو، پەتاتەی سوورۆکراو

pizza
....
پیتزا

hamburger
....
هەمبرگەڕ

sandwich
....
ساندویچ، دۆندرمە

escalope
....
پارچە گۆشت

ham
....
گۆشتی بەراز

salami
....
گۆشتی بەراز

sausage
....
سۆسیس

chicken
....
مریشک

roast
....
برژاندن، نرژان

fish
....
ماسی

porridge oats
....
شۆرباوی ساوار

muesli
....
دانەوێڵەی تێکەڵ

cornflakes
....
دانەی دانەوێڵە

flour
....
نارد

croissant
....
کرۆسانت، نانێکی فەرەنسی

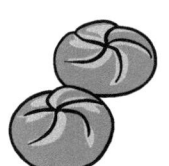

bread roll
....
نانی خڕ

bread
....
نان

toast
....
نانی برژاو

cookies
....
بسکیت

butter
....
کەرە، ڕۆنی کەرە

curd
....
سەرتوێژ، توێژ

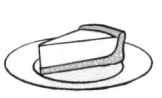

cake
....
کەیک

egg
....
هێلکە

fried egg
....
هێلکەی برژاو

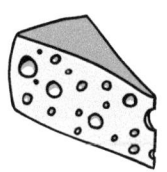

cheese
....
پەنیر

ice cream

بەستەنی، دۆندرمە

sugar

شەکر

honey

هەنگوین

jelly

مرەبا

nougat cream

خامەی نۆگات

curry

بەهارات

farm

مەزرا

goat

بزن

cow

مانگا

calf

گوێلک

pig

بەراز

piglet

فەرخە بەراز

bull

جوانەگا

goose

قاز

duck

مراوی

chick

جووچک

hen

مریشک

cockerel

کەڵەشێر

rat

جرج

cat

پشیلە

mouse

مشک

ox

گا

dog

سە، سەگ

dog house

کونە سە

garden hose

سۆندە

watering can

تونگەی ئاودان

scythe

ماڵەغان

plow

گاسن

sickle

داس

hoe

مەڕە

pitchfork

شەنە

axe

تەور

pushcart

عارەبانەی دەستیی

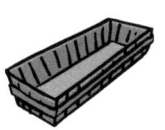

trough

دەفری خواردنی ئاژەڵان

milk can

دەفری شیر

sack

تەلیس

fence

پەرژین

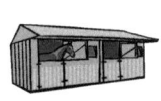

stable

تەویلە

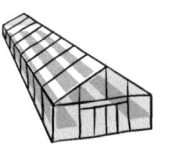

greenhouse

گوڵخانە

soil

خۆڵ

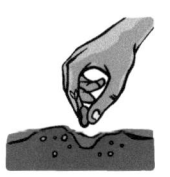

seed

دەنک، نۆک

fertilizer

پەین

combine harvester

کۆمباین

harvest

درویَنەکردن

harvest

خەرمان

yams

پەتاتە

wheat

گەنم

soya

لووبیا، فاسۆلیا

potato

پەتاتە

corn

گەنمەشامی

rapeseed

جۆرێک دەخڵودان

fruit tree

داری بەری

manioc

سێوبنەعەرزیلە

grain

دانەوێلەی تێکەڵ

house
ماڵ، خانوو

living room

ژووری دانیشتن

bathroom

حەمام، ئاودەستخانە

kitchen

چێشتخانە

bedroom

ژووی خەو

kids room

ژووری منداڵ

dining room

ژووری نانخوارن

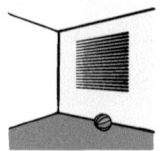

floor
....
داڵان، ئەرز

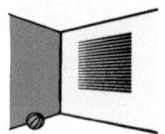

wall
....
دیوار

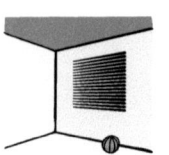

ceiling
....
بن میچ

cellar
....
ژێرزەمین

sauna
....
ساونا

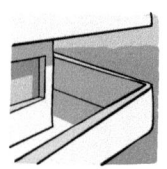

balcony
....
باڵکۆن، هەیوان

terrace
....
هەیوان

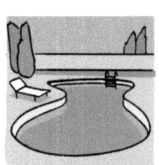

pool
....
حەوز، مەلەوانگە

lawn mower
....
گژوگیابڕ

sheet
....
مەلافە

bedspread
....
مەلافەی نوێن

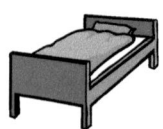

bed
....
پێخەف، نوێن

broom
....
گسک

bucket
....
سەتڵ

switch
....
سویچ، کلیل

living room
ژووری دانیشتن

carpet

فەرش

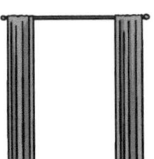

drape

پەردە

table

مێز

chair

کورسی

rocking chair

کورسی ڕاژاندن

armchair

کورسی دەسکدار

book

....

کتێب

blanket

....

پەتوو، بەتانی

decoration

....

ڕازاندنەوە

firewood

....

داری سووتاندن

film

....

فیلم

stereo system

....

ستێریۆ

key

....

کلیل

newspaper

....

ڕۆژنامە

painting

....

نیگار، نیگارکێشان

poster

....

پۆستەر

radio

....

ڕادیۆ

notebook

....

تیانووس

vacuum cleaner

....

گسکی کارەبایی

cactus

....

کاکتووس

candle

....

مۆم

kitchen

چێشتخانە

fridge
ساردکەر
microwave oven
مایکرۆوەیڤ
toaster
نان برژێن
laundry detergent
دەرمانی خاوێنکردنەوە
stove
freezer
بەستێنەر
dishwasher
ئامێری قاپ شۆردن

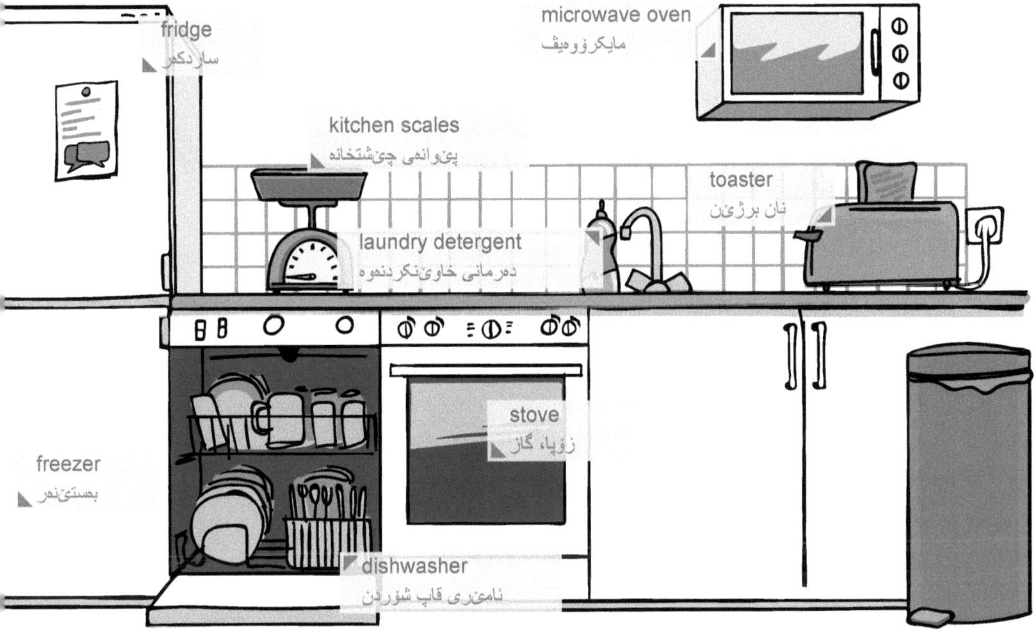

cooker

چێشتلێنەر

pot

مەنجەڵ

cast-iron pot

قاپی ئوتوو

wok / kadai

تاوەی قووڵ

pan

تاوە

kettle

کتری، ئاوگەمکەر

steamer

....

چێشتلێنەری هەڵمی

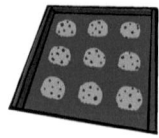

baking tray

....

کەشەفی نانکردن

crockery

....

قاپ و قاچاغ

mug

....

کوپ

bowl

....

قاپ

chopsticks

....

چیلکەی نانخواردن

ladle

....

ئەسکوێ

spatula

....

کەوگیر

whisk

....

گسک

strainer

....

سووزمە

sieve

....

بێژنگ

grater

....

ئامێری جنینی پەنیر و سەوزە

mortar

....

دەستار

barbecue

....

برژاندن

fireplace

....

ناگر

chopping board

....

تەختەی وردکردن

rolling pin

....

تیرۆک

corkscrew

....

بورغی فلین

can

....

قوتوو

can opener

....

قوتووکەرەوە

oven cloth

....

دەسرەی مەنجەڵ

sink

....

دەستشۆر

brush

....

فڵچە

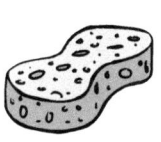

sponge

....

ئیسفەنج

blender

....

تێکەڵکەر

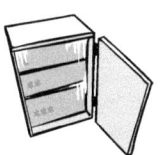

deep freezer

....

قەرەسی

baby bottle

....

شووشە شیر

tap

....

شێری ئاو

bathroom

حەمام، ئاودەستخانە

heating
زۆپا/گەرمکەر
shower
دووشی ئاو، خورژم
towel
خاولی
shower curtain
پەردەی حەمام
bubble bath
کەفی حەمام
bathtub
حەوزی حەمام
glass
لیوان، پەرداخ
washing machine
ئامێری دەفرشوتن
tap
شێری ئاو
tiles
کاشی
potty
ئاودەستی منداڵان
sink
دەستشۆر

toilet

ئاودەست، تواڵێت

squat toilet

تواڵێتی نزم، ئاودەست

bidet

جۆرێک تواڵێت

urinal

تواڵێت، ئاودەست

toilet paper

کاغەزی ئاودەستخانە

toilet brush

فڵچەی ئاودەستخانە

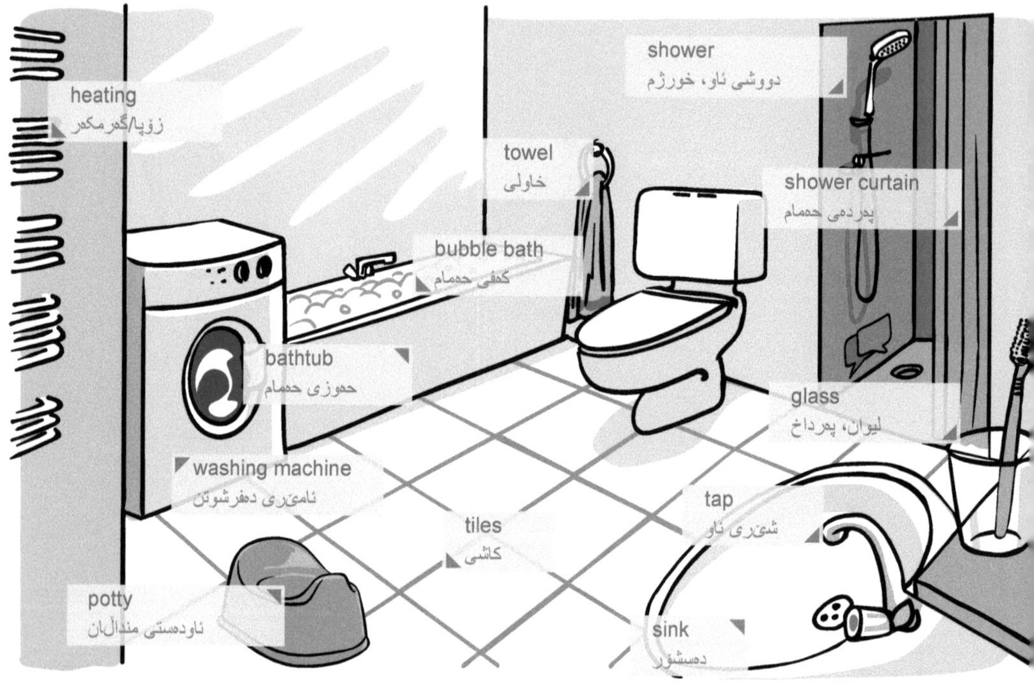

toothbrush

....

قڵچەی ددان

toothpaste

....

خەمیری ددان

dental floss

....

بەنی ددان

wash

....

شۆردن، شوتن

hand shower

....

خورزمی دەستی

douche

....

دووش

basin

....

کاسەی دەستوچاوشوتن

back brush

....

قڵچەی پشت

soap

....

سابوون

shower gel

....

جێڵی خۆشوتن

shampoo

....

شامپۆ

flannel

....

فلانێل

drain

....

ئاوەڕۆ

creme

....

کرێم

deodorant

....

بۆنخۆشکەرە

mirror

....

ئاوێنە

hand mirror

....

ئاوێنەی دەستی

razor

....

مەکینەی ڕیش تاشین

shaving foam

....

سابوونی ڕیش تاشین

aftershave

....

کرێمی دوای ڕیش تاشین

comb

....

شانە

brush

....

فڵچە

hair-dryer

....

سێشوار، سەرئیشککەرەوە

hairspray

....

سپرەی قژ

makeup

....

سووراوسپیاو

lipstick

....

سووراو

nail varnish

....

ڕەنگی نینۆک

cotton wool

....

لۆکە

nail scissors

....

مەقەستی نینۆک

perfume

....

عەتر

washbag

....

کیسەی حەمام

stool

....

کورسی بێ پشت

weighing scales

....

پێوەر

bathrobe

....

خاولی حەمام

rubber gloves

....

دەستەوانەی چەرم

tampon

....

تامپۆن

sanitary towel

....

خاولی خاوێنکردنەوە

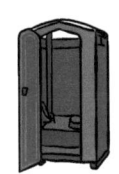

chemical toilet

....

ئاودەستی کیمیایی

kids room
ژووری منداڵ

alarm clock
سەعاتی زەنگدار
cuddly toy
گەمەی شیرن
toy car
ماشێنی یاری
rattle
شەقشەقەی منداڵ
doll's house
خانووی بووکەشووشە
present
دیاری

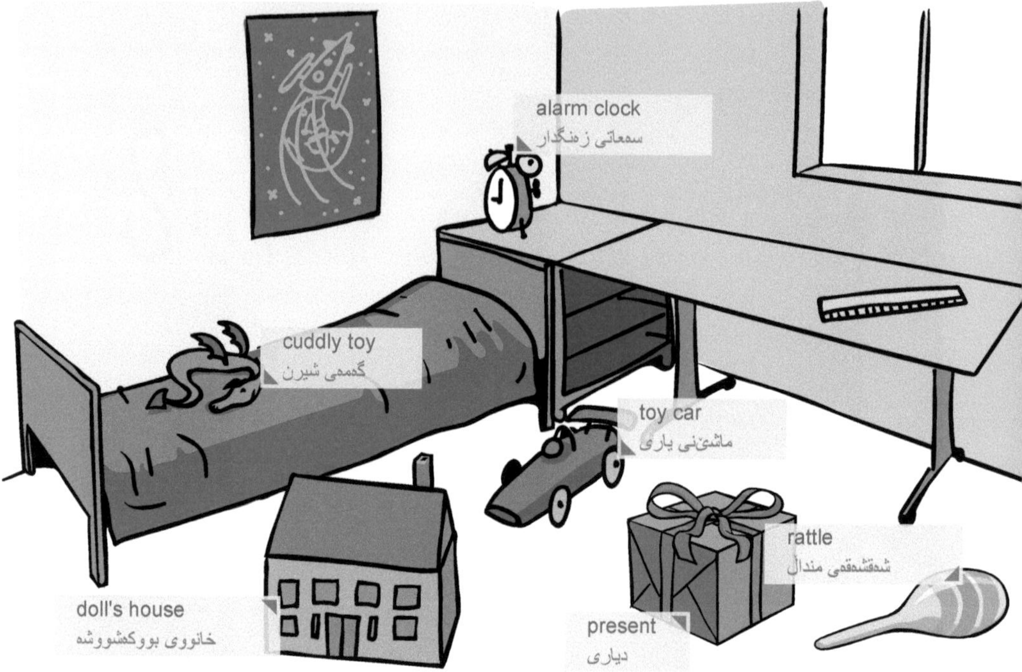

balloon

باڵۆن

bed

پێخەف، نوێن

stroller

داشقەی منداڵ

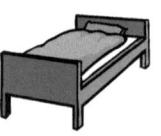

deck of cards

گەمەی کارت

jigsaw

مەتەڵ، مەتەڵۆک

comic

کۆمێدی

lego bricks

خشتی لێگۆ

toy blocks

خشتی یاری

action figure

بووکە شووشە

romper suit

جلی منداڵ

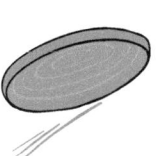

frisbee

یاری فریزبی

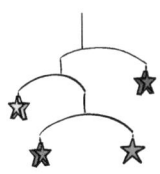

mobile

بزۆکـە، جووڵێنراو

board game

یاری تەختە

dice

مۆرە

model train set

مۆدێلی شەمەندەفەر

pacifier

مەمکە مژە

party

میوانی، جەژن

picture book

کتێبی وێنەدار

ball

تۆپ

doll

بووکەشووشە

play

کایە کردن، یاری کردن

sandpit

قۆرتی خیزوخۆڵ

swing

جۆلانە

toys

کایەی منداڵان، یاری منداڵان

video game console

گەمەی ویدیۆیی

tricycle

سێچەرخە

teddy bear

ورچی یاری

wardrobe

کەنتۆر

clothing
جلوبەرگ

socks

گۆرەوی

stockings

گۆرەوی درێژ

tights

گورەوی درێژ

scarf
شاڵی مل

umbrella
چەتر

t-shirt
کراس

belt
قایش، پشتێن

boots

sneakers
پێڵاو

slippers
پێڵاوی ماڵ

sandals

پاپوچ

shoes

کەوش، پێڵاو

rubber boots

چەکمەی چەرم

underwear

پانتۆڵی ژێرەوە

bra

سنیان، سوخمە

undershirt

جلیسقە

body

جەستە، لەش

pants

پانتۆڵ

jeans

پانتۆڵ

skirt

دامەن، تەنوورە

blouse

کراس

shirt

کراس

pullover

بلووز

sweater

بلووز

blazer

چاکەت

jacket

چاکەت

coat

باڵتە

raincoat

بارانی

costume

پۆشاک

dress

کراسی ژنانە

wedding dress

جلی زەماوەند

suit

چاکەت و پانتۆڵ

nightgown

جلی خەو

pajamas

جلی خەو

sari

ساری

headscarf

لەچکە

turban

جەمەدانە، سەرپێچ

burka

بۆرکا

kaftan

کەفتان

abaya

عەبا

swimsuit

جل و بەرگی مەلەکردن

trunks

پانتۆڵی مەلە

shorts

پانتۆڵی کورت

tracksuit

جلوبەرگی ڕاهێنان

apron

بەروانکە، بەرکوشە

gloves

دەستەوانە

button

دوگمە

glasses

چاویلکە

bracelet

بازنە

necklace

ملوانکە

ring

ئەنگوستیلە

earring

گوارە

cap

کڵاو

coat hanger

داری جل هەڵواسین

hat

کڵاو

tie

بۆینباخ

zip

زیپ

helmet

کڵاوی پارێزەر

braces

هەڵگر

school uniform

جلی قوتابخانە

uniform

یەکپۆش

bib

بەرلیکە، بەرکۆشی منداڵ

pacifier

مەمکە مژە

diaper

دایبی، پەڕۆشۆر

office

نووسینگە، فەرمانگە

server
ڕاژە
filing cabinet
دۆڵابی بەڵگە
printer
چاپکەر
paper
کاغەز
monitor
مۆنیتۆر، پیشانگەر
mouse
ماوس
desk
مێزی نووسین
folder
بۆخچە
keyboard
تەختەکلیل
waste-paper basket
سەبەتەی کاغەز
computer
کۆمپیوتەر
chair
کورسی

coffee mug

کۆپی قاوە

calculator

ژمێرەر

internet

ئینتەرنێت

laptop

لەپتۆپ

letter

نامە

message

پەیام

cell phone

موبایل، تەلەفۆنی دەست

network

تۆڕ

photocopier

ئامێری لەبەرگرتنەوە، کۆپیکەر

software

نەرمەکالا

telephone

تەلەفۆن

plug socket

ساکێتی دووشاخە

fax machine

ئامێری فەکس

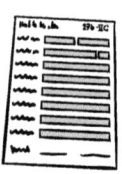

form

فۆرم

document

بەڵگە

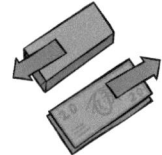

buy

کڕین

pay

پارەدان

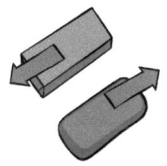

trade

بازرگانی، ئاڵوگۆڕکردن

money

پارە، دراو

dollar

دۆلار

euro

یۆرۆ

yen

یەن

rouble

ڕوبڵی ڕووسی

Swiss franc

فرانکی سویسی

renminbi yuan

یوان، یەکەی دراوی چینی

rupee

ڕووپییە

cash point

مەکینەی پارە

currency exchange office

نووسینگەی گۆڕینەوەی دراو

gold

زێڕ

silver

زیو

oil

نەوت

energy

وزە

price

بەها، نرخ

contract

ڕێکەوتننامە

tax

باج

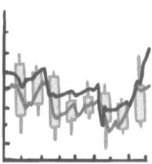

stock

سەهام

work

کارکردن

employee

کارمەند، کارکەر

employer

خاوەنکار

factory

کارخانە

shop

دووکان

police officer
فەرمانبەری پۆلیس

fireman
ئاگرکوژێنەر

pilot
فڕۆکەوان

cook
چێشتلێنەر

doctor
دکتۆر

gardener

باخەوان

carpenter

دارتاش، مەرەنگوێز

seamstress

خەییات

judge

دادوەر

chemist

کیمیازان

actor

شانۆگەر، شانۆکار

bus driver

شۆفیری پاس

taxi driver

شۆفیر تاکسی

fisherman

ماسیگر

cleaning lady

کڵفەت

roofer

وەستای سەربان

waiter

خزمەتکار

hunter

ڕاوچی

painter

بۆیاخچی

baker

نانکەر

electrician

کارەباچی

builder

بەننا

engineer

ئەنازیار

butcher

قەساب

plumber

وەستای بۆری

postman

پۆستەچی

soldier

سەرباز

architect

نەخشەکێش

cashier

ژمێریار، خەزنەدار

florist

گوڵفرۆش

hairdresser

ئارایشگەر

conductor

گەیێنەر

mechanic

میکانیک

captain

کەشتیوان

dentist

ددانساز، دوکتۆری ددان

scientist

زانا

rabbi

مەلای جوولەکان

imam

ئیمام

monk

کەسی ئایینی

pastor

قەشە

tools

ئامراز و کەرەستە

hammer
چەکووش
pliers
پلایز
screwdriver
پێچبادەر
wrench
جەرەبادەر
torch
مەشخەڵ

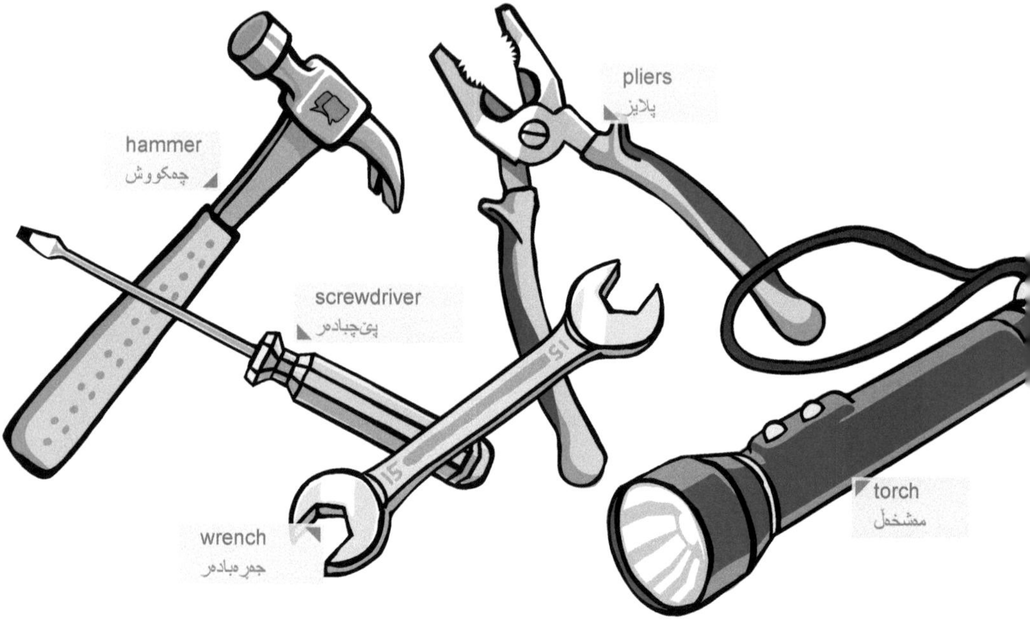

excavator

....

شۆفڵ

toolbox

....

سندووقی ئامراز

ladder

....

پەیژە

saw

....

مشار

nails

....

بزمارەکان

drill

....

کونکەرە

repair

چاککردنەوە

shovel

پێمەڕە

Damn!

نەفرەت!

dustpan

خاکەناز

paint can

قتووی بۆیاخ

screws

پێچەکان، جەڕەکان

musical instruments

ئامێرەکانی مووزیک

loud speaker
قسەکەر، بڵندگۆ
drum set
guitar
گیتار
double bass
جۆرێ گیتار
trumpet
زوڕنا

piano

پیانۆ

violin

کەمانچە

bass

گیتار

timpani

دەهۆڵ

drums

تەپڵ

keyboard

تەختەکلیل

saxophone

ساکسافۆن

flute

فلووت، شمشاڵ

microphone

مایکرۆفۆن

ZOO

باخچەی ئاژەڵان

tiger
entrance
cage
قەفەز
zebra
کەرەکێوی
animal feed
panda
ورچی پاندا

animals

ئاژەڵەکان

elephant

فیل

kangaroo

کانگۆرۆ

rhino

کەرکەدەن

gorilla

گۆریلا

bear

ورچ

camel

وشتر

ostrich

وشترمریشک

lion

شێر

monkey

مەیموون

flamingo

فڵامینگۆ

parrot

تووتی

polar bear

ورچی جەمسەری

penguin

پێنگوین

shark

قرش، سەگەماسی

peacock

تاووس

snake

مار

crocodile

تیمساح

zookeeper

پارێزەری باخچەی ئاژەڵان

seal

سەگی دەریایی

jaguar

پڵینگ

pony

ئەسپی قەزەم

leopard

پشیلەی پڵینگی

hippo

ئەسپی ئاوی

giraffe

زەرافە

eagle

هەڵۆ

boar

بەرازی کێوی

fish

ماسی

turtle

کیسەڵ

walrus

والڕاس، ئاژەڵێکی دەریایی

fox

ڕێوی

gazelle

ئاسک

sports

وەرزش

American football
تۆپی پێی ئەمریکی
cycling
tennis
basketball
تۆپی باسکە
swimming
مەلەکردن
boxing
بۆکسێن
ice hockey
هۆکی سەر سەهۆڵ

soccer

فووتبۆڵ

badminton

بەدمینتۆن

athletics

وەرزشوان

handball

هەندباڵ

skiing

خلیسکێن

polo

پۆلۆ

activities

چالاكیەكان

jump
بازكردن
hug
لەباوەشگرتن، لەئامێزگرتن
laugh
پێكەنین
walk
بەرێداڕۆیشتن، پیاسەكردن
sing
گۆرانی خوێندن
dream
خەون دیتن، خەون بینین
pray
پاڕانەوە، نوێژكردن
kiss
ماچكردن

write

نووسین

draw

وێنەكێشان

show

نیشاندان

push

پاڵ پێوەنان

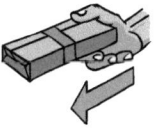

give

دان

take

هەڵگرتن

have
هەبوون

do
کردن

be
بوون

stand
ڕاوەستان

run
هەڵاتن

pull
کێشان

throw
هاویشتن

fall
کەوتن

lie
درۆکردن

wait
چاوەڕێبوون

carry
هەڵگرتن

sit
دانیشتن

get dressed
جل لەبەرکردن

sleep
خەوتن

wake up
لەخەو هەستان

look at

چاولێکردن

cry

گریان

stroke

جەڵتەلێدان

comb

قژداهێنان، شانەکردن

talk

قسەکردن

understand

تێگەیشتن

ask

پرسیارکردن، پرسین

listen

گوێڕاگرتن

drink

خواردنەوە

eat

خواردن

tidy up

ڕێکوپێک کردن

love

خۆشویستن

cook

چێش لێنان

drive

شۆفێریکردن

fly

فڕین

sail

....

کەشتیوانی

calculate

....

حسابکردن، ژماردن

read

....

خوێندنەوە

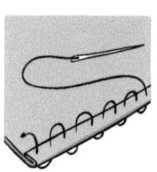

learn

....

فێربوون

work

....

کارکردن

marry

....

زەماوەندکردن

sew

....

دورین، دورومانکردن

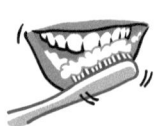

brush teeth

....

فڵچە لەددان دان

kill

....

کوشتن

smoke

....

جگەرەکێشان

send

....

ناردن

grandmother
دایەگەورە
grandfather
باوەگەورە
father
باوک، باب
mother
دایک
baby
منداڵی ساوا
daughter
کچ
son
کوڕ

guest

میوان

aunt

پوور

uncle

مام، خاڵ

brother

برا

sister

خوشک

body

جەستە، لەش

forehead
ناوچاوان، تویڵ
eye
چاو
shoulder
شان
finger
قامک
face
دەموچاو، ڕوومەت
chin
چەنە
hand
دەست
breast
سنگ
leg
لاق
arm
باسک، قۆڵ

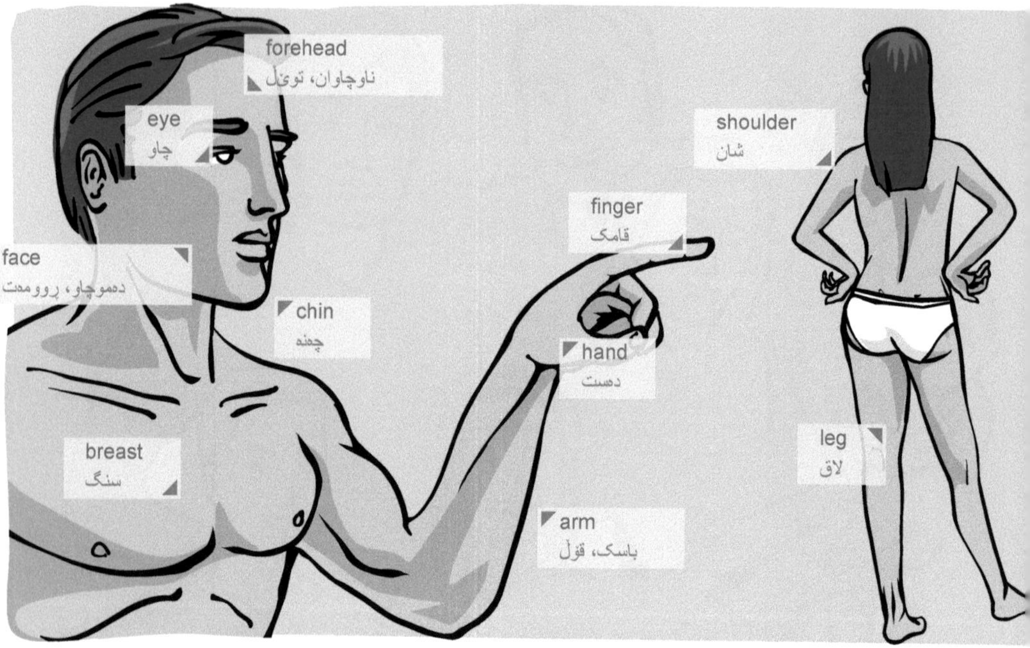

baby
منداڵی ساوا

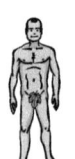

man
پیاو

woman
ژن

girl
کچ

boy
کوڕ

head
سەر

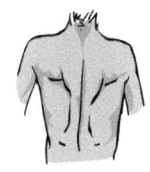

back

پشت

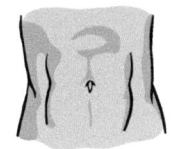

belly

زگ

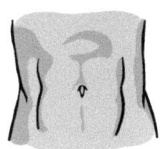

navel

ناوک

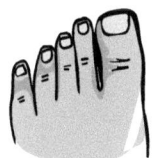

toe

قامکی پێ

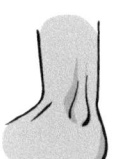

heel

پاژنەی پێ

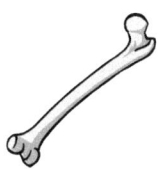

bone

ئێسقان، ئێسک

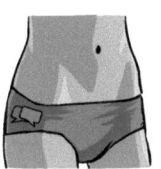

hip

سمت

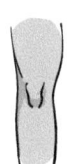

knee

ئەژنۆ

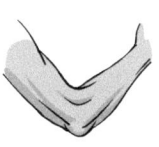

elbow

ئانیشک

nose

لووت

buttocks

قوون

skin

پێست

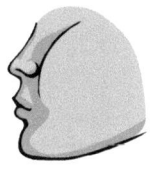

cheek

گوپ

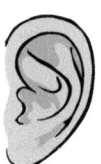

ear

گوێ

lip

لێو

mouth

دەم، زار

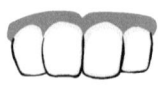

tooth

ددان

tongue

زمان

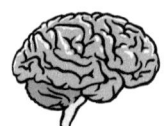

brain

مێشک

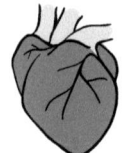

heart

دڵ

muscle

ماسوولکە

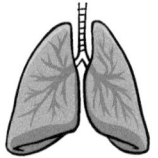

lung

سیپەلاک، سی

liver

جەرگ

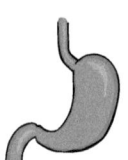

stomach

گەدە

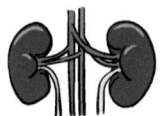

kidneys

گورچیلە

sex

سێکس

condom

کۆندۆم

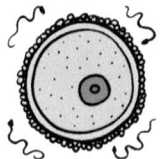

ovum

توو، گەرا

semen

تۆو

pregnancy

دووگیانی

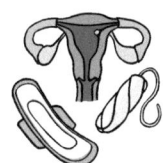

menstruation

....

کەوتنە سەر خوێن

vagina

....

زێ

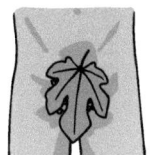

penis

....

کێر

eyebrow

....

برۆ

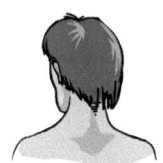

hair

....

قژ

neck

....

مل

hospital

نەخۆشخانە، خەستەخانە

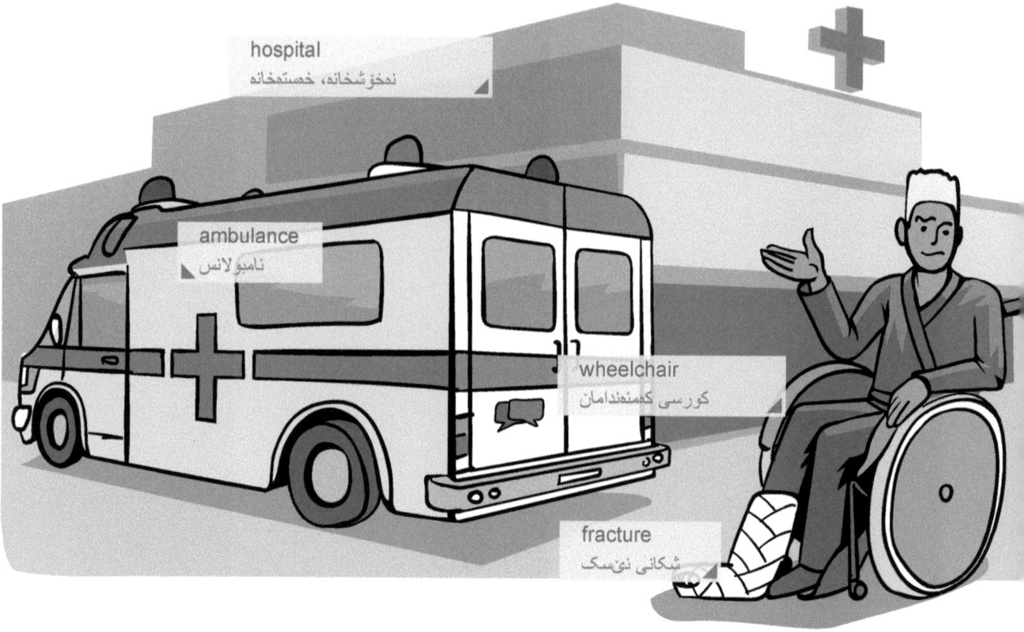

ambulance
ئامبولانس
wheelchair
کورسی کەمئەندامان
fracture
شکانی ئێسک

doctor

دکتۆر

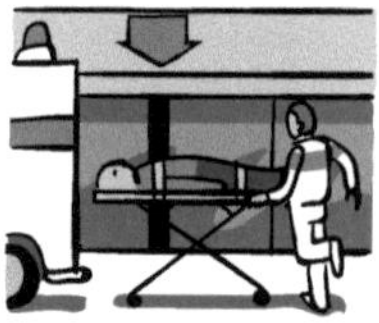

emergency room

ژووری فریاکەوتن

nurse

نەخۆشوان

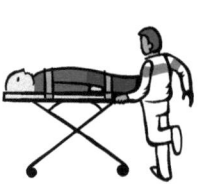

emergency

ئورژانس، بەشی فریاکەوتن

unconscious

بێهۆش

pain

ژان، ئێش

injury

بریندارى

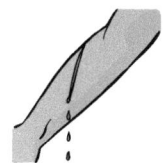

bleeding

خوێنڕێژی

heart attack

جەڵتەی دڵ

stroke

جەڵتە

allergy

ئالێرژی، هەستیاری

cough

کۆخە

fever

تا

flu

ئەنفلۆنزا

diarrhea

زگچوون

headache

سەرێشە، ژانەسەر

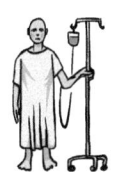

cancer

سەرەتان

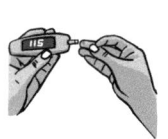

diabetes

شەکرە

surgeon

نەشتەرگەر

scalpel

نەشتەر، چەقۆی توێکاری

operation

نەشتەرگەری

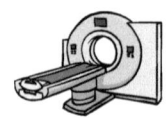

CT

....

CT

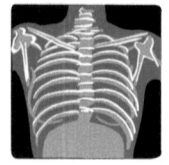

x-ray

....

تیشکی ئێکس

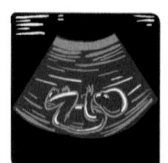

ultrasound

....

ئوڵتراساوند

face mask

....

ماسکی ڕوومەت

disease

....

نەخۆشی

waiting room

....

ژووری چاوەڕێبوون

crutch

....

گۆچان

plaster

....

مشەما

bandage

....

برین پێچ

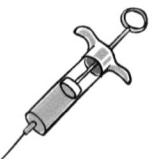

injection

....

دەرزی لێدان

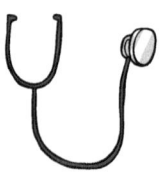

stethoscope

....

بیستۆکی پزیشک

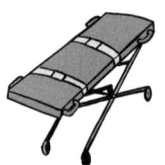

stretcher

....

داربەست

clinical thermometer

....

گەرماپێوی کلینیکی

birth

....

لەدایکبوون

overweight

....

زیادەکێش/قەڵەویی

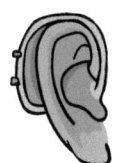

hearing aid

بیستۆک

disinfectant

میکرۆبکوژ

infection

چڵک

virus

ویروس

HIV / AIDS

ئەیدز

medicine

دەرمان

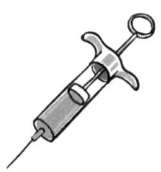

vaccination

کوتان

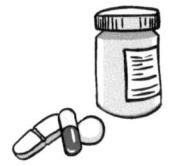

tablets

حەب

pill

حەب

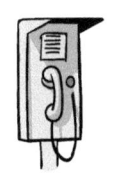

emergency call

تەلەفۆنی فریاکەوتن

blood pressure monitor

پیشانگەری پەستانی خوێن

ill / healthy

نەخۆش / سڵامەت

emergency

ئورژانس، بەشی فریاکەوتن

Help!

یارمەتی!

alarm

ئاگادارکردنەوە، ئەلارم

assault

دەستدرێژی

attack

هێرشکردن

danger

مەترسی

emergency exit

چوونەدەرەوەی ئورژانس

Fire!

ئاگر!

fire extinguisher

ئاگرکوژێنەوە

accident

ڕووداو، پێشهات

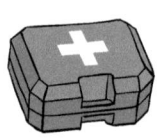

first-aid kit

قوتووی یارمەتی فریاکەوتن

SOS

SOS

police

پولیس

Europe

....

ئەورۆپا

North America

....

ئەمریکای باکوور

South America

....

ئەمریکاری باشوور

Africa

....

ئافریقا

Asia

....

ئاسیا

Australia

....

ئوستralیا

Atlantic

....

ئەتڵەسی، ئۆقیانووسی ئەتڵەسی

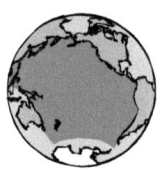

Pacific

....

زەریای هێمن

Indian Ocean

....

ئۆقیانووسی هیندی

Antarctic Ocean

....

ئۆقیانووسی جەمسەری باشوور

Arctic Ocean

....

ئۆقیانووسی جەمسەری باکوور

North pole

....

جەمسەری باکوور

South pole
....
جەمسەری باشوور

Antarctica
....
ناوچەی جەمسەری باشوور

earth
....
ئەرز، زەوی

land
....
خاک، وشکانی

sea
....
دەریا، زەریا

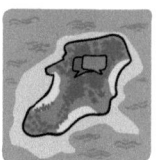

island
....
دوورگە

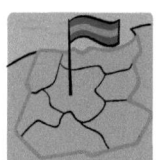

nation
....
گەل، نەتەوە

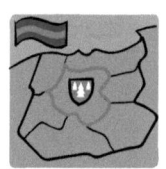

state
....
وڵات، پارێزگا، دەوڵەت

clock face

....

ڕوخساری کاتژمێر

hour hand

....

نیشاندەری کاتژمێر

minute hand

....

نیشاندەری خولەک

second hand

....

دەستی دوو

What time is it?

....

کاتژمێر چەندە؟، سەعات چەندە؟

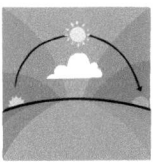

day

....

ڕۆژ

time

....

کات، زەمان

now

....

ئێستا، هەنووکە

digital watch

....

کاتژمێری دیجیتاڵی

minute

....

خولەک

hour

....

کاتژمێر

week

هەفتە

MO
TU
WE
TH
FR
SA
SO
Monday
دووشەممە
Tuesday
سێشەممە
Wednesday
چوارشەممە
Thursday
پێنجشەممە
Friday
هەینی
Saturday
شەممە
Sunday
یەکشەممە

TUE
MON

yesterday

....

دوێنێ

TUE

today

....

ئەمڕۆ، ئەورۆ

TUE

tomorrow

....

سبەینێ

morning

....

بەیانی

noon

....

نیوەڕۆ

evening

....

ئێوارە

MO TU WE TH FR SA SU

workdays

....

ڕۆژی کار

MO TU WE TH FR SA SU

weekend

....

کۆتایی هەفتە

year
ساڵ

rain
باران
spring
بەهار
summer
هاوین
wind
بازکردن
fall
پاییز
snow
بەفر
winter
زستان

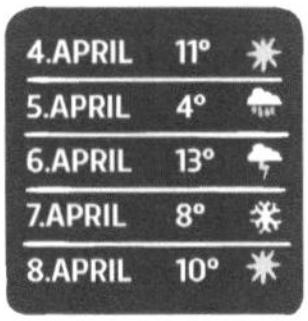

4.APRIL 11°
5.APRIL 4°
6.APRIL 13°
7.APRIL 8°
8.APRIL 10°

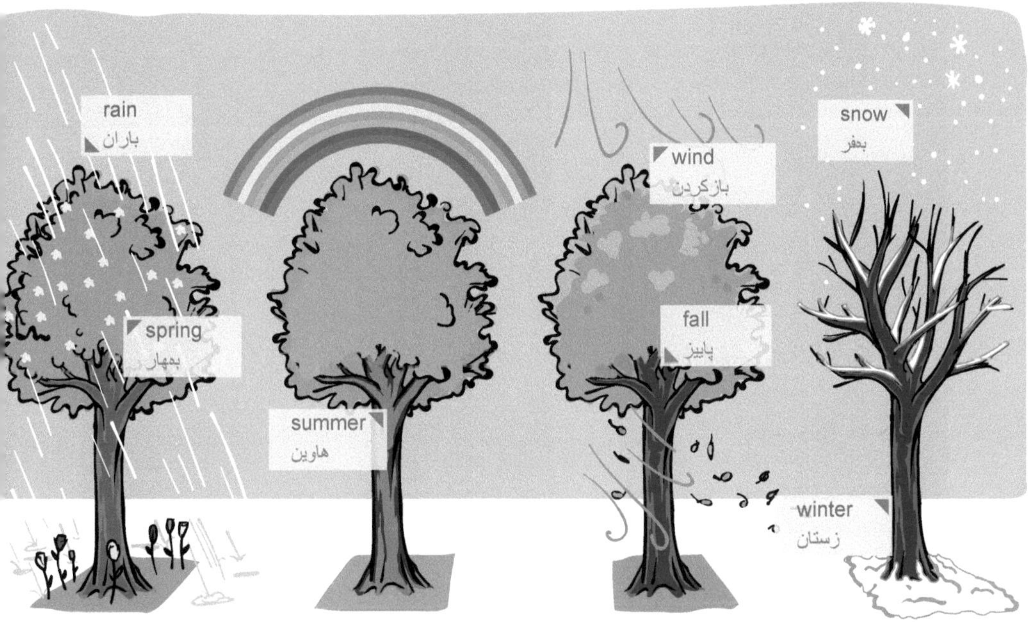

weather forecast
....
پێشبینی هەوا

F
C
120
90
60
30
0
-30
40
30
20
10
0
-10
-20

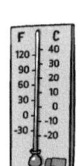

thermometer
....
گەرماپێو

sunshine
....
خۆرەتاو

cloud
....
هەور

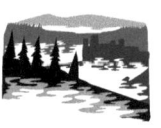

fog
....
تەمومژ

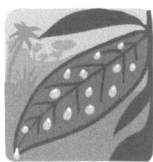

humidity
....
تەڕایی

lightning

هەورەتریشقە، بروسکە

thunder

هەورەگرمە

storm

باوبۆران، تۆفان

hail

تەرزە

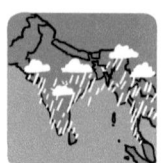

monsoon

مانسوون

flood

لافاو

ice

سەهۆڵ

January

جانیوەری

February

فێبریوەری

March

مارچ

April

ئەپریل

May

مەی

June

جوون

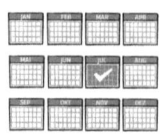

July

جوولای

August

ئۆگوست

September

سێپتەمبەر

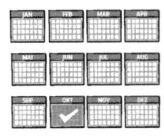

October

ئۆکتۆبەر

November

نۆڤەمبەر

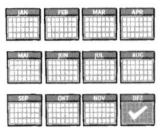

December

دێسەمبەر

shapes

شێوەکان

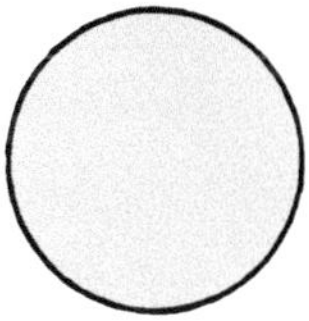

circle

بازنە

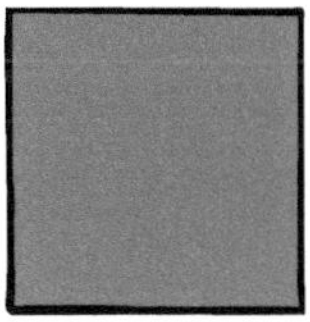

square

چوارگۆشە

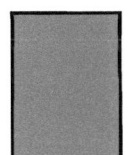

rectangle

چوارگۆشەی درێژ

triangle

سێگۆشە

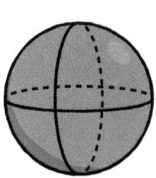

sphere

تۆپ، گۆ

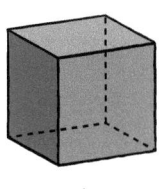

cube

خشتەک

colors

ڕەنگەکان

white

سپی

yellow

زەرد

orange

پرتەقاڵیی

pink

پەمەیی

red

سوور

purple

بنەوش

blue

شین

green

سەوز

brown

قاوەیی

gray

بۆر

black

ڕەش

opposites

دژبەرەکان

a lot / a little

زۆر / کەم

angry / calm

تووڕە / لەسەرەخۆ

beautiful / ugly

جوان / ناحەز

beginning / end

سەرەتا / کۆتایی

big / small

گەورە / چکۆلە

bright / dark

ڕووناک / تاریک

brother / sister

برا / خوشک

clean / dirty

خاوێن / چڵکن

complete / incomplete

تەواو / ناتەواو

day / night

ڕۆژ / شەو

dead / alive

مردوو / زیندوو

wide / narrow

پان / تەنگ

edible / inedible

خۆش / ناخۆش

evil / kind

نەگریس / بەبەزەیی

excited / bored

وروژاو / بێزار

fat / thin

قەڵەو / لاواز

first / last

یەکەم / ئاخر

friend / enemy

دۆست / دوژمن

full / empty

پڕ / خاڵی

hard / soft

ڕەق / نەرم

heavy / light

قورس / سووک

hunger / thirst

برسی / توونی

ill / healthy

نەخۆش / سڵامەت

illegal / legal

نایاسایی / یاسایی

intelligent / stupid

زیرەک / گەمژە

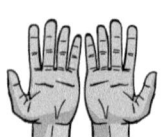

left / right

چەپ / ڕاست

near / far

نزیک / دوور

new / used

....

نوێ / کۆن، بەکارهاتوو

nothing / something

....

هیچ شتێک / شتێک

old / young

....

پیر / لاو

on / off

....

هەڵکراو / کوژاوە

open / closed

....

کراوە / داخراو

quiet / loud

....

بێدەنگ / دەنگی بەرز

rich / poor

....

دەوڵەمەند / هەژار

right / wrong

....

ڕاست / هەڵە

rough / smooth

....

زبر / ساف

sad / happy

....

خەمین / خۆشحاڵ

short / long

....

کورت/ درێژ

slow / fast

....

هێواش / خێرا

wet / dry

....

تەڕ / وشک

warm / cool

....

گەرم / فێنک

war / peace

....

شەڕ / ئاشتی

numbers
ژمارەکان

0
zero
سیفر

1
one
یەک

2
two
دوو

3
three
سێ

4
four
چوار

5
five
پێنج

6
six
شەش

7
seven
حەوت

8
eight
هەشت

9
nine
نۆ

10
ten
دە

11
eleven
یازدە

12	13	14
twelve	thirteen	fourteen
دوازده	سێزده	چوارده
15	16	17
fifteen	sixteen	seventeen
پازده، پانزه	شازده	حەفده
18	19	20
eighteen	nineteen	twenty
هەژده	نۆزده	بیست
100	1.000	1.000.000
hundred	thousand	million
سەد	هەزار	میلیۆن

languages
زمانەکان

English

ئینگلیزی

American English

ئینگلیزی ئەمریکی

Chinese Mandarin

چینی ماندارین

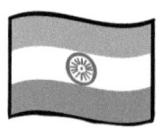

Hindi

هیندی

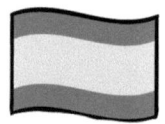

Spanish

ئیسپانی

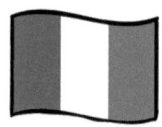

French

فەرەنسی

Arabic

عەرەبی

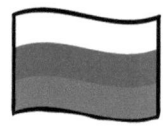

Russian

ڕووسی

Portuguese

پۆرتوگالی

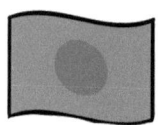

Bengali

بەنگالی

German

ئاڵمانی

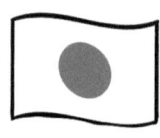

Japanese

ژاپۆنی

who / what / how
کێ / چی / چۆن

I

من

you

تۆ

he / she / it

ئەو

we

ئێمە

you

ئێوە

they

ئەوان

who?

کێ؟

what?

چی؟

how?

چۆن؟

where?

لەکوێ؟

when?

کەنگێ؟ کەی؟

name

ناو

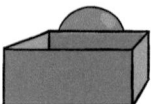

where

شوێن

behind

لەپشت

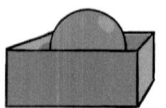

in

لە

in front of

لەپێش

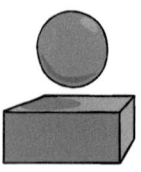

over

سەری

on

لەسەر

under

ژێر

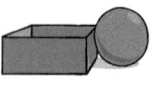

beside

لە تەنیشت

between

لەنێوان

place

شوێن، جێ